Made in the USA
Monee, IL
17 December 2021

85952637R00070